Bajo la sombra del corazón

Poesía

Espiral Publishing

Instituto de Cultura Oregoniana

Bajo la sombra del corazón

D.R. © Espiral Publishing LLC

Diseño de portada: Juan Cervantes M.

Editor: Odalys Interián

Imagen de portada: Hampton Rodríguez

ISBN-13:978-0692359082

10:0692359087

USA, Abril 2016.

Germán Rizo

Espiral Publishing

Bajo la sombra del corazón

Una sombra...

Todo el infortunio del mundo

y encima mi amor

como un animal desnudo.

—Paul Eluard

Para: Néstor Eduardo Jr

Laila Sánchez

Prólogo

Bajo la sombra del corazón
*Una sombra... Todo el infortunio del mundo, y encima mi amor,
como un animal desnudo.* Con esta cita de *Paul Eluard* Germán
Rizo abre su libro. No necesitamos saber más, entre sombras,
infortunio y amor se escriben estos versos. Germán es de esos
poetas que entienden la poesía como ejercicio de salvación, sus
versos justifican la vida, *embaucado* como si escribir fuera el *"todo"*
del deber del hombre, es de esos poetas que entran en ella para
siempre quedarse.
Bajo la sombra del corazón es un canto al amor y a la realización
en el otro. Poesía emotiva, sensorial, táctil, versos hechos para el
paladeo y la alabanza. Con sobriedad y una eficacia expresiva, con
un texto plural y armónico, nos revela alegrías, goces, pero también
las angustias que nos acompañan. Vivencias propias o ajenas
sucediéndose interminables.
Se vive cercado de sombras, algunas terribles, no hay maneras de
escapar. Para el poeta no hay renuncia, sabe que es dura la
contienda para sobrevivir en medio del caos y lo desconocido, entre
esas sombras que enturbian y dificultan la convivencia y el diario
suceder. El poeta es un equilibrista en concordancia con la vida, él,
el que resiste.

Para Germán, la palabra se convierte en el único modo de poder revelarse y revelar el mundo. El poema es un testimonio del suceder y de la búsqueda. Desde su inconformidad nos habla, el amor es la vena, el fuego sagrado que lo alimenta. Desde el silencio busca el enigma de la creación que el lenguaje poético encubre. Desde la palabra y entre sus múltiples significados se encierran las formas simbólicas que alimentan ese silencio y lo trascienden. La poesía necesita del silencio, para fructificar allí, donde el tiempo se anula en la virtualidad del lenguaje. Poesía que se va haciendo con las cosas sencillas y simples y con las grandes nimiedades de la vida también; miedos, llantos, nostalgias, desesperación y ausencias. Poesía que recoge lo cotidiano y quiere revelar todas las riquezas del ser en sus ocultas relaciones. Lección perdurable siempre, en ese diálogo donde la poesía es una eternidad inexplicable y única, donde el poeta celebra y se descubre.

Estos serán los elementos definidores de su poesía: la ausencia y la desolación, la conciencia de la muerte, la cotidianidad, el amor como una forma de resistencia, sus imágenes con las que trata de traer y recrear la realidad.

Dios es otro silencio y otra ausencia en estos versos, lo que acentúa en ocasiones la desesperanza en ese combate entre el hombre y sus sombras, entre lo individual y la dispersión, él solo enfrentado, otro Odiseo en su rebeldía y persistencia enfrentado siempre a la idea de volver, al *eterno retorno*. En esa batalla por encontrar sus palabras, con las que va a narrar su verdad íntima.

En su deambular hacia lo inalcanzable, en su ir y venir por los caminos de todos los días, entre la desazón existencial y el deseo del reencuentro, lo acompaña ese sentimiento de pérdida. Lejos de su tierra estará evocando siempre, lo que se abandona, lo que se deja detrás y ya jamás se recupera. Su poesía se pierde en el vértigo de una vigilia que siempre retorna. El lenguaje es ausencia, pero también es una manera del regreso. El poeta es *uno* que sobrevive en medio del silencio y la desolación.

En el nacimiento de las palabras. Allí es la cita. La palabra nos inventa, se hará la fiesta de los cuerpos, el roce y la sublimidad.

Las palabras hacen el amor, están hechas de silencios, de largos duelos y desvelos, ellas son lo sagrado y rememoran, las palabras son el presente continuado.

Germán no se conforma con materializar ese instante real, él quiere lograr la trascendencia, donde recuerdo y deseo se funden al ideal de la palabra. Las palabras no son lo indecible, ellas revelan. La confesión lírica como tema escondido en la exploración de sí mismo. Poesía para encontrarnos y encontrar al otro, donde el poeta se piensa a sí mismo, él solo quiere amar, quiere la complacencia, quedar emancipado, lejos del dolor y la angustia, solo el amor es lo que necesita, desea y logra sublimar la sensualidad que lo asalta. La experiencia amorosa es su fuerza vivificante, no es infrecuente encontrarla en sus versos, como si la entrega significase la disolución en la amada, y esto fuera la única redención posible, además de ser también, otro modo de sufrir y padecer. *Condéname a tu exquisita desnudez, donde la tibieza del amor se prolonga.*

Hablo por la tibia línea
de tu desnudez
Trepo los remolinos
de tu cuerpo
abriendo el silencio maternal
de tu vientre
encuentro entre las hojas del jardín
el vacío de tus ojos
y dormidas primaveras
Nacen nuevas estrofas
en lo profundo
de tus besos
se levantan
hogueras interminables
que lamen los surcos de tu ofrenda

El poeta en su deseo de trasgredir, buscando siempre un paisaje de luz siempre asociado a la mujer. *Inmenso paisaje, besando las heridas del crepúsculo en tu boca.* Lleva al verso un protagonismo y un elevado erotismo. *Me devorabas y devorabas el ruido incesante de mi lujuria.*
Te rocé en el goce mío, entre el fuego de los besos y los rostros de la noche. El sabor de la noche, envuelto en el goce penetrante de tu cuerpo.

Arde con avidez
el fruto de tus labios

Sobre mi voz cansada
crecen los júbilos
del deseo y la luz
Sabor de la nada
sabor ciego de ti
lujuria
hambre desértica de tu alma
boca húmeda crecida
entre las voces de mi silencio

El tema amoroso llama y atrae al poeta, la angustia y el anhelo son solo sueños, la mujer idealizada: *Entre mi sombra te has enredado como una selva enigmática y virgen.*

Sin pausas amarte
dormida
despierta y húmeda
en el goce ávido de mi sed
en el tiempo sagrado
del delirio
Amarte
en el silencio de mi voz
grito callado

La exaltación de la figura femenina, toda ella vencedora, *árbol en el despertar de las sombras, en el volumen estremecido de mis manos... Libélula, danzando en la fortuna de mi ojo.*

Y llegas
con la sed de un pájaro
que habla en silencio
lamiendo la quietud
penetrando en latidos de guerra

Una cotidianidad fluye desde este lenguaje, desde la intensidad de la palabra poética. Poesía es reflejo y es también la circunstancia del poeta, en Germán es su reflejo y consecuencia. Su yo íntimo, y en su individualidad está el hecho colectivo. Es el amor de todos, los mismos anhelos y deseos, el hombre y la mujer, la pasión y la entrega.

*Con mi tacto edifico una dinastía de relámpagos, la palabra
reveladora revitalizándolo, la introspección para encontrar al otro.
Se extiende la lujuria, los versos en mi sangre, son un río que
hierve lívido en la noche.*

*Inquisidora
enciende ese lago danzante
y quema la soga perpetua
ceñida a estas pulsaciones
amargas
Arranca con tu lengua
esta soledad...*

Todo como un símbolo para alcanzar los silencios; *el silencio
hueso cristalizado que penetra como un silbido armado.* Y desde el
silencio fluir emancipado. No todos los silencios son esa sombra,
hay un silencio que disfruta el poeta, el silencio que queda después
de amar, el silencio de los cuerpos abrazados, ese donde nacen
sus imágenes, ese que antecede al nacimiento de las palabras.
La lluvia y el otoño son motivos reiterados en su libro, junto a la
luna, la noche y la soledad como elementos de esa cotidianidad y
nunca suficientes en sí mismos. Donde no falta la invocación
tediosa de lo ausente y la rememoración como tema. Germán crea
un universo propio, hecho de sus propias vivencias y de lo que
asimila de la tradición, nos deja un testimonio, la visión de la
realidad y sus más perdurables estados emocionales.
Siempre las sombras, las terribles, tocadas de soledad que vuelven
el paisaje familiar sombrío, la ausencia de la madre, la evocación
de la muerte, *y ese coro de abanicos trayendo sus olores,* el poeta
conmovido ante lo inevitable de la pérdida, en ese caos angustioso
de la memoria, *un sol quemándole la sangre, el mar de su
agonía... mi voz rompiéndose entre los pájaros, desolada.*
*Madre arranca esta vestidura apresada en el amparo y cúbreme
con ese ramo de lámparas selladas en tus ojos, con esas mareas
empuñadas en tu boca velando esta muerte.*
Porque estamos hechos de memoria, lo repetitivo en su búsqueda
en el tiempo logrando eternizar los instantes.

*Madre alimenta con tu pan
la sangre que ondula
bajo mi llanto
y reposa en mis llagas de luto*

este sudario de tristeza

En Germán un mundo de imágenes, donde el signo acude, ese inconsciente que se vuelve imagen y termina siendo palabra con la que busca nombrar. Con la palabra sobrevive a la ausencia. Poesía es acercamiento y aproximación. *El verso es ese encaje de signos y soles que funden los nudos de la noche.* Encontramos en sus textos belleza y angustias. La exploración del que ama, el eco de esa intensidad de la existencia.

En algún momento coinciden todas las sombras, las más terribles, las *sombras sedientas, fluyen enmudeciendo el cadáver de la noche.* Las sombras atormentándolo, *"me brotan las sombras costuras desgarradas"*.

Sombras que vislumbra frente a las virtudes del verso, el poeta enfrentado en la palabra poética, tiene que atravesar una niebla espesa, una sombra mayor para poder revelar su mundo. En esa carencia de luz y hermetismo también vive la poesía. Ella también es sombra y es lo impreciso, lo que está cerca a la oscuridad. Poesía es otra forma de lo oculto, pero es también plenitud y un modo de acercar las distancias.

Entonces la poesía se vuelve grito, urgencia: *"Ven libérame de esta sombra que aúlla en este cuerpo y amordaza la noche"* ese verso que asiste sediento, al clamor de los pájaros, verso lívido, doloroso verso, sonoro en el secreto de tus besos, acorralado, transido en las estrofas de la muerte entre la tibieza del tiempo que se levanta a ciegas sobre el reflejo de tantos espejos que nacen en el mar.

Poesía es búsqueda, *sangre desnuda en la luz cálida y saturada de hondas muertes* y es memoria para sobrevivir, porque quizás haya que poetizar la memoria y eso nos salve de tanta ausencia. *La poesía habla por su alma* nos dice *y canta con voz incandescente.* Testimonio legítimo de un mundo, sus lecturas nos despiertan resonancias y estados de ánimos. Al final nos convence que no todo está perdido, que nos queda la esperanza para salvarnos.

Encanta nuestro goce una lírica serena, que nos encuentra, porque al amor hay que volver siempre y a la poesía.

Mírame ir
por las calles marchitas
como un soldado sin bandera
en la hora remota
mírame

que la lluvia
moja mi nombre
escrito en torbellinos
de sangre...
Mis manos estarán
en la batalla
Del aroma del mundo
nacerá una semilla y una estrella

Para Voltaire *la poesía solo está hecha de bellos detalles*, un detalle de flor, un deshoje, una mirada, un zumbido, árbol, hombre, bestia, pájaro, vida. Poesía que repite el eco de una intensidad de vida indescifrable. El enigma es el lenguaje, las palabras rozan el misterio. Poesía es el camino a la perfección, pero es también un acto de fe. Se sabe que todo acercamiento a ella sugiere una acción espiritual. La poesía siempre nos mejora. Si poesía es evocación y repetición, es también lo interminable, esa *extraña fiesta* de la que hablara José Martí. A Germán lo tienta el juego, quiere alcanzar esa eternidad de las palabras. La única solución es escribir nos dice el poeta: *Escribí bajo una noche vaga y tus formas oscurecían la sombra de mi sombra.* Eso es para él la poesía: libertad, sanación, lo que nutre y alimenta su vida. Un modo, el único modo que conoce para encontrarse. Vive la experiencia de la poesía y nos invita a acompañarlo en el viaje, busca el diálogo, el hallazgo de la intimidad mediante esa comunión con los otros. En esta muestra que hoy nos ofrece, nos invita a esa celebración única del hombre que es la poesía en unidad total con la vida. Germán nos invita a pasar y a quedarnos con él bajo la mejor de las sombras: bajo la sombra del corazón.

Odalys Interián

ÍNDICE

Bajo otras sombras

En el nacimiento de las palabras

Tomo un libro y te descubro en cada página
vago en ti ebrio y perturbado.

— Nikolai Gumiliov

Unas pocas palabras, mientras alguien callase;
las del viento en las hojas, mientras beso tus labios.
Unas claras palabras, mientras duermo en tu seno.

—Vicente Aleixandre

Emboscado en mi escritura
cantas en mi poema.
Rehén de tu dulce voz
petrificada en mi memoria.
Pájaro asido a su fuga.
Aire tatuado por un ausente.
Reloj que late conmigo
para que nunca despierte.

—Alejandra Pizarnik

Mis manos

inventaron tu cuerpo
terco y vertiginoso
el néctar húmedo de tus senos

Inmóvil tú en el nacimiento de las palabras
Hablo por la tibia línea de tu desnudez
Trepo los remolinos de tu cuerpo
abriendo el silencio maternal de tu vientre
encuentro entre las hojas del jardín
el vacío de tus ojos
y dormidas primaveras

Nacen nuevas estrofas
en lo profundo de tus besos
se levantan
hogueras interminables
que lamen los surcos de tu ofrenda

Te enredas taciturna
árbol en el despertar de las sombras
en el volumen estremecido
de mis manos

Y llegas

con la sed de un pájaro
que habla en silencio
lamiendo la quietud
penetrando
en latidos de guerra
centellar de besos
inmóviles murmullos
suspendidos
en los confines de mi boca

"Seremos felices,
hay un nido de besos
oculto en los rincones"
—Rimbaud

Rompe la penumbra

con el filo de tus besos
arremete en mis venas
Desnuda ola
rompe el rayo que embiste
mi noche mutilada
Insolente
despoja este minotauro que agoniza
en la chispa audaz
Penetra las entrañas de mi boca
Sólida ofrenda
que tu ráfaga acaricie
este enjambre que soy

Libélula

Diminuta mujer
en mi ojo izquierdo
no logra sostenerse
se balancea
papel al viento
que nunca cae

Bella como el verso
en la boca
sostiene
coros de voces
recorriéndome
perversa
frágil en los reflejos
bordando un mar

Rápido jadea
diminuta bailarina
danzando en la fortuna de mi ojo

Piérdete conmigo

en la interrogación de la noche
Pregunta ciega que cae
sepultada a nuestros pies
rindamos el cuerpo desnudo
oculto en el velo sangrante
de la ventana
Piérdete conmigo
en el atrio de mi cuerpo
redime con el néctar
de tu vientre
las huellas de mi incendio

Piérdete conmigo
en ese mar y esa sombra
en esa lucidez donde espero
ese otoño de frescas miradas
Piérdete conmigo
en el silencio de mis besos
sepulcro vivo
naufragio ileso de tu isla
condéname a tu exquisita desnudez
donde la tibieza del amor se prolonga

Nací de ti

polvo en los ojos
en medio de doradas piedras
Recordar esas sombras
los grandes campanarios
Mi voz rompiéndose entre los pájaros
desolada
menuda tierra mis dolores olvida
El aire arroja sueños
Si pudiera olvidarte
pero insiste la ola
lanza silabas que nadie ve
Arremete el sol
la bestia que sangra

Cuando el corazón manche

la última palabra que muerdo
en tu lámpara sembraré
el vicio de la noche
Brotará la semilla
el reino tormentoso
Ni una frase encadenará la estrella
Todo lo que me quema
sostendrá
ese diálogo nuestro en los cristales

*Ciégate para siempre: también la eternidad
está llena de ojos.*
—*Paul Celan*

Ha sangrado toda la noche

desnuda en el clamor del viento
sacrificada
en la cúspide del cielo
volando con fuerza
en el suspiro de la ola

Gime tristemente
confundida
en la senda fatigada del mar

Anclada en las raíces de la noche
cubre de torbellinos
las regiones de mi cuerpo
navegante ruido que evoca
el corazón de los amantes

De mi insomnio

la sed que se esconde
lo ausente del pánico
levanta el naufragio mecido en el júbilo
y los arcos

Teje esa arrogancia
en su trastorno de tormentas
donde el velo sella tu sombra
lo plomizo de la soledad
en su cosecha de faros

Unifica el drama
del sol
ese vagar sigiloso en la penumbra

Quédate sombra perversa

en el pánico de los pájaros
espesura piadosa labrando los lamentos
y en las aguas
su aleteo sagrado

Quédate fragmento de fuego
arremolinas
la sangre vertida
en el manantial de mis venas
impulsando la gota
que clama en los jirones

Quédate hambre que siega
el cansancio de los astros
llena mis ojos
polvo que dicta lo que escribo
y remueve estas cicatrices

En mis manos tu desnudez

crezco en cada rincón de tu piel
cuando la penumbra muerde mi sombra
eres tormenta
nido de voces
la que abraza el milagro de esta luz
y vas en el temblor de las miradas
en lo tibio del vuelo
tejiendo otra soledad
inventas la noche
la sed que cuelga en la fiesta de la lluvia
y voy en el otoño
bordando en el luto de las hojas
un edén de palabras

Ese ramo adornado de bocas

donde caigo
abismo de ecos
su cosecha
me astilla la lengua
cristal que enmudece mi agonía
sediento ruedo
en esa levadura y enjambre
me ciñe
la hiedra conspirando del mediodía
lacera y amarra

Tus besos

tienen el sabor de esas lluvias de otoño
invocan la pasión oculta en ti
ondulante aliento
bocado escrito en la ternura
Un cuerpo
el azul rebelde del cielo

Tus labios entreabiertos
ofrecen ese hechizo
de raíces eternas
tejiendo un ritual
a la codicia

Me sostiene la muerte

su ajedrez minucioso
ese mástil desamparado
y su péndulo verdugo
la sangre tejiendo mis cenizas

Inquisidora
enciende ese lago danzante
y quema la soga perpetua
ceñida a estas pulsaciones amargas

Arranca con tu lengua esta soledad
en tu cauce con mi tacto edifico
una dinastía de relámpagos

Navegamos

hambrientos
en lo infeliz de la memoria
surcando el miedo ajeno
en la noche extraviada e inmutable
La mansa estrella velando la bandera
impulsa esta alta torre
de visiones y hechizos

En la vela resucitamos
la fertilidad de la flor
esculpe el deshoje audaz del aire
ese aroma arrogante
inmerso en el desarreglo de la tierra

Esta herida

la misma que aprieta
el mármol que ondula en tus cabellos
ese pedazo de cicatriz
ese trozo de sangre congregado
en la espesura del silencio

Me inclino ante su chispa
sosteniendo las cuerdas y el sol
convulso me dicta la sentencia
Se extiende la lujuria
los versos en mi sangre son un río
que hierve lívido en la noche

Guárdate

de ese huracán que vela
el cauce mordaz de mi boca

Lujuria
máscaras de fuego
en la misericordia
azotan esa fiebre en su lámpara

Guárdate amor
en el vuelo súbito del águila
en ese desarreglo de las nubes
en ese encaje de signos y soles
que funden los nudos de la noche

Retoña sombreando
esos candelabros que sostienen
los muros marchitos del corazón

> *El Verbo brota del sueño*
> *como una flor o como un vaso*
> *lleno de formas y de humos.*
> —*Antonin Artaud*

Eres la sombra de un libro

te conviertes en trazo
converso a contraluz
vas danzando sobre las respuestas
manchada de tinta
ignorada
clavas tu oscura boca en mis versos
como una espina
en la agonía de la flor
Tu mirada detiene los vértigos ardientes
huellas que esconden
bajo este papel
un nombre pintado en líneas paralelas

Estoy rodeado de agujas
tu boca más vulnerable.
Marcando en tus costados
el itinerario de la espuma.
Así es el amor: mortal y navegable.
—Eugenio de Andrade

Levántate

rompe las cadenas que cantan
en la infinidad de tus manos
siempre mostrándome las raíces
esa revelación laboriosa sobre el deshielo

Amor agónico
postrado a las sombras del reloj
angustia de pájaro vencido
sangre que corre paralela en mi voz
Tus ojos
coagulan la comunión del cielo y el mar

Ven

> quédate enlazada a esta torre
> el dolor me amordaza
> la fatalidad de tu voz
> arrastra la cifra agónica de mareas
> ese cúmulo de fiebre
> que siembra dardos
> y riega cenizas en mi boca

Amarte

I

en la prosa de mi piel
y en la noche
de mis manos
horas tejidas
en la ternura de mi sangre
Ojos agitados
boca vagabunda
labios entre desnudos vuelos
y el canto de la lluvia

II

Sin pausas amarte
dormida
despierta y húmeda
en el goce ávido de mi sed
en el tiempo sagrado del delirio
Amarte en el silencio de mi voz
grito callado

Sedienta

Reposas sin rostro
en la inmensidad
las llamas ávidas de tu pecho
encienden gravitando
el sendero vivaz de los deseos

Forman las líneas de mis versos
la simetría de tus labios
torbellinos
hojas en ruinas de ese último otoño
tus ojos
resurgen las imágenes del polvo

Te aguardas para mí

Tu voz entre el frío
y la piel desnuda
playa virgen en las arenas de este cuerpo
con frescura rozo la locura sosegada
beso con rabia la demencia
y el temblor vivo de tu carne
Desnudas la luz del sol

Sombra y tierra eres
Clavo mi paz en tu ardorosa hoja

Te tengo en el triunfo
de mis manos
sagrada
te respiro sin latidos
respiro el fuego de tu lengua
húmeda floreciendo jubilosos besos
que se extienden en mi carne

Se gasta la luz

en mis ojos la demencia de la lluvia
clava su puñal
Tu mirada
silencio incesante sembrando dolores
llamaradas de ausencia
que azotan mi locura

Son escasas las noches
mis venas saltan en la hoguera
entierro tus palabras
en ese remolino que se abre
réptil en mi espalda
huésped enroscado
quedándote en la sed

Me arrastra el reloj
me brotan las sombras
costuras desgarradas
retorna la noche
cierra los ojos
tengo la muerte en rebeldía
soplando rebeldía

Entre tormentas

dos cuerpos fulguran y una herida
pesadumbre infeliz
cubre la ciudad

Una lengua gira sin cesar
luz somnolienta
velando los sueños de la nada

Bajo la incertidumbre de la noche
dos cuerpos se abren como un espejo
heridas sedientas
reflejan su círculo de luz
Sombras en el vaivén del agua
claman en su lento deambular
sombras sedientas
enmudeciendo
el cadáver de la noche

Ahora que tus pasos

hacen una vereda de formas diurnas
quiero tenerte en el sudor
espumoso de mi cuerpo
unirte a mis latidos
entrar en el temblor
de las ofrendas
mientras mis ojos
se mecen en lo dócil

Ahora que tus formas
disuelven la humedad
del fruto masculino
yo con la sed oculta de la estación en ruinas
interrumpo insaciablemente la quietud
de ese rostro desnudo
en el vértigo y la memoria
Penetrando esas llamas quiméricas
que despliegan largamente
la brecha concisa
y voluptuosa de tu vientre

Velero de tus venas

vivo en la marea de tu sangre
en ese puerto de tus manos

Impregnado de banderas
me crecen las palabras
y otro holocausto
llevo en mis ojos el último diluvio
y el cansancio del cazador

Besos

de flor húmeda
agua de mar
de pálidos colores
y frío

Besos de colmena
y sol
de risas y lumbre
de cantos
de sangre y de lluvia
de rotos cristales
savia y enigmas

Besos que inventan
una patria nueva para mi boca

Llévame a esa ceremonia

al poema que sucumbe
en los abismos
llévame a lo tremendo
en la incertidumbre
de las palabras

Divina
abre los racimos
lo amargo del sol
ese movimiento posesivo del aire
donde bebamos el enigma de las arterias
y esa otra desnudez

Conversaciones

Sobre mi mesa tus ojos ausentes
separados del fuego y la noche
Luna sutil silueta que amenaza
esta soledad danzante

Se quedan las últimas palabras
en una hoja incansable que me habla de ti

Brota un suspiro urgente
en la distancia
un corazón me busca a medianoche
para llorar

Sobre mi mesa
un cuerpo gris
entreabierto
alimenta mi sombra

Nada no separa

somos un cuerpo encadenado
al costado de la soledad
fervientes alas
un vuelo de mirlo herido
Agua que nunca tiene sed
que nunca desciende
incendio dorado
en los húmedos ojos de la lejanía
Nos une la sangre de la patria
amenazada en el suplicio
las uñas de un gato blanco
en la cuenca de mis ojos
espesor dormido en el desorden de la noche

Nada nos separa
somos la red sin tejer
precipitada en la región del silencio
horizonte esparcido y entreabierto
Somos la duda confesada
el aroma de las horas perdidas
gestos de un adiós escondido
entre las grietas del invierno
la herida
de los días sin cuerpo

Somos el adiós que jamás se pronuncia

Mía tu boca

rebosante y abismal
ese quejido húmedo
surcando nuestro encuentro
tus ojos
hacia el viento del sur
abriéndose al atardecer

Mía en el cristal de mis ojos
tu vientre dibujado
en la sombra de mis dedos
viento quemando los riscos
del silencio

Mía subiendo por las ramas
de mi ávido torso
el néctar natural
de tu voz frente a la noche
y ese espacio lejano
lento entre tus piernas
donde estremeces el deseo

Ritual de medianoche

Mírame ir
por las calles marchitas
como un soldado sin bandera
en la hora remota mírame
que la lluvia moja mi nombre
escrito en torbellinos de sangre
Bajo un farol espera mi cuerpo
circulando en la memoria
para decir te amo
Solo tus manos me conocen
En el silencio de tus besos
he encontrado el polvo
de los atardeceres de mi pueblo
Espero en el fuego de la lluvia
en la espalda de la soledad
en la noche que golpea
la primavera de tus ojos
aun cuando el olvido llegue
mis manos estarán en la batalla
Del aroma del mundo
nacerá una semilla y una estrella
Mírame ir
para decir te amo

La muerte en su péndulo

un trazo
ese ruido de sombras
imponentes del corazón
faro en su tempestad
arrogancia sedienta
de huellas
mis manos claman
la cosecha armoniosa
de su cuerpo
el hervor en su hoguera
centelleando
ese ritmo pálido
del atardecer

Renacer

Fueron tus senos
dos faros iluminando
gélidos hastíos
y fueron una ventura
a las manos pulcras
que susurraban
a la orilla de tu vientre

En mi saliva el polvo danza

y la lluvia
en el arrullo de los faros
la calle ramera de todos
sosteniendo
una huella
Y el temblor
que acude victorioso
labra mi pulsación
mi voz viento rebelde
relámpago
agrietas las hojas
que saltan en la herida irreparable

Te encontré en el llanto

entre las sombras del jardín
la noche atormentada
en las raíces de tu cuerpo
Eras la flor fugaz que se abría
entre las venas de la primavera
Toque tu esencia
el lenguaje profético de tu boca
se desplomaron las llamas de un volcán
en tu mirada el púrpura
Abracé tus llanuras
tus ojos resistiéndose
en lo inclemente
y derrotado del olvido

Brotan los espejos

y un surco
de lámparas
en el dolor de la sed
y el silencio en lo ancho
del sol
amalgamando
nuestro pacto

Estás tendida bajo la noche
como un cerrado horizonte muerto.
Pobre corazón sobresaltado,
en un tiempo lejano eras el alba.
—Pavese

Amor cristal herido

de sombras
marchito follaje de hiel
y manos sacrificadas
amor rito impasible
boca sumisa y eterna
gesto fecundo del mar

Desnudo sueño perfumado y riesgoso
es la ansiedad
ese pacto estrecho y vencido
Amor cansado en mi sangre
Desvelo sed arrebato
en ti resucitan
las venas de la soledad

Niña llegas con el frío

intacto del invierno
Detrás el tiempo
en su traje de otoño
niña rama ansiosa
que renuncia al viejo árbol
que va creciendo
en las horas escondidas de tus manos
Te has llenado de semillas
en el huerto revientas
cálida voz en el aire
penetra los espacios
despiertos de mis ojos

Solo tus pasos saben acariciar el frío
crece tu pupila desvelada
de un camino monótono
Vuela la quietud de tu voz
entre los lamentos sagrados
de la tormenta

Verso

en el lenguaje
estrecho de tu cuerpo
fuego leve
tierna cabellera adormecida en el atardecer

Dulce verso infantil que asiste sediento
al clamor de los pájaros
verso lívido en la hora
exacta del reloj
doloroso verso
sonoro en la euforia de tus besos
acorralado
transido en las estrofas de la muerte

Surges de los enigmas

en tus ojos descansan
las ruinas de la noche
alargas un trazo de verbos
donde la tristeza desvanece
su blasfemia
El verso se desliza
hasta alcanzar la voz en su agonía
Amada
emerges piadosamente
entre la ausencia y los pájaros
Un rostro
espera el milagro de mi mano

Eterna

aquí en mis ojos
en el bostezo cotidiano
duermes escondida en el espejo
papel ahogado
por las llagas de la luz
Eres pupila donde nos miramos
en la hora que cae la muerte
Otoño del mediodía
en el desorden del miedo

Tormentoso viento
que borra con su respirar
esa luna que deja un tacto
sediento
funda los ríos de tus ojos
pupila que baña la nostalgia
de mi tierra indómita

Medianoche

Ayer te escribí
tarde sería
cuando la noche
mutilaba el silencio
te nombre en las frases
prolongadas y agudas del recuerdo

Te escribí
junto a un cuerpo hurtado
con rasgos de melancolías

Escribí bajo una noche vaga
y tus formas
oscurecían la sombra de mi sombra

Sumergido

cae el otoño en su manía
con sus hojas mojadas
empapando las costumbres
de las calles
un sonido en mi sed
respira los origines del silencio

Inmenso paisaje
besando las heridas
del crepúsculo en tu boca

Te esperé

entre las sombras ocultas del silencio
te presentí
astro tatuado en mis ojos

En el despertar de tus pechos
hirvieron mis manos
el olor de tu piel abrazándome
iluminaba los bordes
despiertos de mi otoño
Pausada tú
en los gestos de la calle
te sentí llegar en el miedo de la noche
con los ojos cerrados al desvelo
eras el cielo desvanecido dentro de mí
aliento perverso me devorabas
y devorabas el ruido
incesante de mi lujuria

Abrazada

en el duelo de la lluvia
y el reloj
vestida con el humo
de las sombras del crepúsculo
Oí tus delgados pasos
en el rostro sucio de las hojas
que crujían

Encendías la pureza del verano
el reflejo de la tristeza
y su amargura
Te rocé en el goce mío
entre el fuego de los besos
y los rostros de la noche

En penumbras

el sabor de la noche
envuelto en el goce penetrante de tu cuerpo
Duermen las estrellas
en la palma de tu mano
hallo tu voz encima de mi espalda
La soledad
en la imagen dolorosa del ruiseñor

El sabor de tu piel
cauce nocturno
que se cierra en la misma muerte
Bebes con tu cólera insaciable
las palabras que palpo
arde con avidez el fruto
Sobre mi voz cansada crecen los júbilos
del deseo y la luz
en las calles cenizas vuelan
junto al temor del viento

Respiro

la pregunta codiciosa
de tu nombre
la lluvia sonámbula y violenta
golpea las ruinas
de un tren en el olvido
Respiro el destello
de tu piel
en el lenguaje

Sabor de la nada
sabor ciego de ti
lujuria
hambre desértica de tu alma
boca húmeda crecida
entre las voces de mi silencio

Sin rostro

la noche trae tu cuerpo
imagen de astro
mis ojos cubriéndote

Posándote
entre mis sombras
te enredas como una selva
enigmática y virgen

Vuelo de gaviota
sobre la espalda
de mi árido otoño
La timidez del viento
me devuelve
el verano de tus ojos

Hoy el aire es un rumor de ti

camina por los estrados
de mi lengua
en la hora que gime el dolor

Ven libérame
de esta sombra
que aúlla en este cuerpo

Ven amordaza la noche

Hoguera de amor

exquisita boca
vasta y silenciosa
péndulo en movimiento
cascada sedienta
goteando ese ramo de abismos

Desfiladero son tus besos
atrapados en el brote de la lluvia
rumor encendido
el rostro del amor
cuerpo que arde a oscuras
en mi noche

Posesión

Tus manos en la respiración tangible
de mi voz
ciñen los fantasmas
que pueblan de luto mi cuerpo

Acarician con vehemencia
el infinito
que anida en la letra

Tus huellas
cruzan el desierto de mi soledad
cruzan entre llamas mi corazón
Tus manos impacientes en mis latidos
contemplan la desnudez
desvanecida de la noche

En la tarde

alas a la deriva
bajo los arcos
inmensos de la luna

Anclamos la luz
galopa al encuentro
desconocido de las hojas
que arden en la geometría
cálida del tiempo

Manos
entreabiertas en el resplandor
de la lámpara
testigos que arden en mis labios
tejen entre pausas lujuriosas
la espesura hendida
de mi desnudez

Después de amar

quédate recostada
en la ternura de la noche
junto al clamor de los pinos
Apégate
palpa con tus sombras
el paisaje de mis labios
susurra de mis nervios
el grito
Respira esta lluvia angustiosa
dentro de mi voz

Quédate en la caricia
férvida de mis dedos
toca cien veces
los anocheceres

Quédate enredada en el sonido
claroscuro de los pájaros
en la sutil caricia sepultada
en la penumbra de mis manos
y aférrate a los restos calcinados
de mis últimos versos

Eres

Mis versos invocan
tus muslos de uva fresca
Eres mía mujer luna errante
bienaventurada gaviota
en el fuego
en mis versos sumergida
Mía en los brazos
desatados de la aurora
indeleble mariposa
trigo que ondea en mi ternura salvaje
Sol fatigado
crecido entre corrientes
del Columbia River
Duermes flor del mundo
tierra encendida
en el polvo de mi patria

Mía en el frío

de mis sábanas
en los brazos de mi sombra

Regada en el cuerpo amante de la noche
la semilla pura de tu vientre
Eres atada a mis horas
a mis dedos mudos
metal que funde mi grito
y enloquece los amarres
del corazón

Este amor

que nunca se va a falta de alas
frío en la luz sombría de la tierra
amor que devora
los rostros del espejo
y mi desnudez
Sombra de unas horas
cenizas de un anochecer
amor de nocturno vocablos
sueño huérfano en las voces trémulas
Amor espeso entre las ramas del cielo
hundiéndose en su llama fatal
Amor en su vértigo
hija de la soledad
espuma entre mis tardes
Amor fugaz asesino
mujer

Llegas vencedora

oculta entre las frases
que ahogan la sed
me tocas como un fantasma
engendrado en el silencio
subes en mi lluvia
sin formas
creces y te adelgazas
en la punta de mis dedos

Relato de un poema

Cómo escapar de su cuerpo
persistente deambular
me perteneces
luz disuelta y temerosa
desnuda mis párpados
que beben de su árbol ancestral
la semilla de su vientre

Se desliza en mis manos
buscando el secreto de las sílabas
sus pasos reposan
sobre escaleras ahogadas
por la nostalgia de la lluvia
se abraza al sonido de la puerta
que perfora las horas
Frescos latidos
las imágenes de sus ojos
en las sombras que palpo
su presencia es espesor que cae
y traspasa mi sangre
cuerpo clausurado
en extraña vibración
sacude las imágenes perdidas

Es medianoche
la luna en agonía
espera en la llovizna
poblada de fragmentos
y palabras melancólicas

En mi piel

> ardes bondadosa
> deshojada
> Tus pétalos yacen
> en la luz del otoño
>
> Eres palma del mundo
> flor sin cuerpo
> que ofreces retoños
> de miradas sin nombre

Solo tengo un reinado

un poema
me sostiene vestido de constelaciones
calle que llora
en la infancia de mis manos
voz sacada de la expresión del silencio
que muerde la penumbra
y mi llanto
Labios desconocidos a mitad de mi muerte

Inmensa

un rostro que canta flores
y anda desnuda por las calles
Carrusel sonámbulo
sus luces petrificadas
en la suma de su reino
grietas en el rostro
gotas inertes danzantes
sacuden el polvo
de tus ancestros

Bajo otras sombras

Los pájaros ya no son un refugio suficiente

ni la pereza ni el cansancio.

El recuerdo de los débiles arroyos y los bosques.

En la mañana de los caprichos

en la mañana de las caricias visibles

en la aurora de la ausencia y la caída.

—*Paul Eluard*

Nadie llora. No mires este rostro

donde las lágrimas no viven, no respiran.

No mires esta piedra, esta llama de hierro,

este cuerpo que resuena como una torre metálica.

—*Vicente Aleixandre*

Aunque mi corazón está en llamas,

permanezco en silencio

—*Rumi*

A veces

a punto de cruzar el breve puente
que trenza las cuerdas
de esa muerte miserable
amargo éxtasis
que enrosca la soga a mi cuello

Navega rugiendo el sepulcro
en las noches punzantes
Rehúye en su esbelto peregrinar
siniestra áspid
en ese espejo de luto
que muerde la sed
ceñida al desamparo

Redoblan las trompetas
su vuelo airado
entreteje un río de noche

Esta pasión

himno de soles
atados a un puño de tormentas
rompen las imágenes
fundidas a las sombras
de las sílabas
Miserias
voz de fuego que divide la saliva
despertar que ahuyenta
ese pulso desnudo
Esta herencia es la prisa
el ruido hurtado
en el resplandor del eco
Los rasgos de mi voz
tocan
un espejo de zafiros
en las entrañas de los hombres
El hambre de mi soledad
es el clamor rugiente de mi patria
desesperado alimento de mi canto
que surge del silencio

Esta pasión es tu sueño sagrado
mujer que alimentó
las raíces de mi árbol
en la puerta de la infancia

Madre arranca esta vestidura

apresada en el amparo
y cúbreme con ese ramo
de lámparas selladas en tus ojos
con esas mareas empuñadas
en tu boca velando esta muerte

Ven sed ensangrentada
enrédame en la telaraña de tu pelo
el polvo sofoca
el cerco doblegado
muéstrame la obra perpetua
en la fiesta de tu risa
y deja que ese coro de abanicos
me traiga tus olores

Madre enséñame tu pena
el fruto de tu polvo
las alas que florecen al viento
el sol quemará mi sangre
el hambriento mar de mi agonía

Renaces

en ese sonar de campanas
en el tropel gozoso de los pinos

Madre une tu grito
a las cuerdas del viento
y entra mansa
a la claridad de mis ojos
Renaces incierta
en el resplandor de batallas
en esa lucidez endurecida
que redobla este fervor

Cautivo llevo este alimento
el dolor que me aterra
este vacío llenando
el desenfreno
que acaricia mi soledad

Madre alimenta con tu pan
la sangre que ondula bajo el llanto
y reposa en mis llagas de luto
este sudario de tristezas

Somete

el espanto que hincha mis latidos
el abismo que reprime
la sangre que late en el misterio
de mis huesos

Llena la sombra
que sostiene esta tempestad
el hambre que se escucha
en la ausencia de los pájaros

Madre atraviesa mi voz adormecida
que ilumina un oasis en mi sed
ruega en tu devoción
por esta herida descarnada

Polvo

que se esconde en la ola de tu pelo
me asomo a la herida turbia
que suena
en las cenizas de los árboles
espesura delicada
enlazando ese muslo de marfil
Tus ojos se confunden
con la luna asomada a la ventana
barrancos montes ocaso
todo es ceniza que me lleva a ti
Las esquinas del cielo desvaneciéndose
fuentes encendidas
sangre materna
vuelve a ser mi remanso

Galope

meciéndose en mi fatalidad
sombra encadenada a mi proa
ese arrebato que tienta
la sed del hijo
el principio de esa infancia
trisada que huía con el viento
Tú águila audaz danzando
altivo vuelo
en mis manos el ungüento de tu voz
ese manojo de carcajadas
a un temblor aferrado
Tú manto impasible hilando
mis miedos
aguda centinela al borde de Dios
amasando la misma muerte

Oda al tiempo

El tiempo es un pedazo
de metal que baila
en los minutos de la muerte
que se empapa del canto
sublime detenido
en las ramas danzantes de los pájaros

Días vestidos de nada

atados a la deriva
en un mundo de palabras
nos convierten en ruinas
Somos llovizna de un invierno
que disipa el instante
y el oleaje confuso de la noche
Nos devora el vapor del silencio
frases que crecen en la luz
Nos azotan los reflejos de un río olvidado
que crece en horizontal
Días que dispersan un cuerpo
reluciente de murmullos
engendran muertes ataviadas de olores
y voces gastadas en la penumbra
anidan bajo la ciega luz
Somos huesos de una nación errática
pausada en el miedo que se inventa

Somos tiempo carne sin formas
zumbido de dolores
perecemos todos los días como hojas
en el fulgor de las calles

Sombras de la cuidad

En el delirium tremens
escucho los sonidos del silencio
me entrego al consuelo de la danza
al tacto de su cuerpo
a esa risa enlutada y frívola
que cierran sus alas

Una gota de inciertos desvelos
devora sus enigmas
húmeda tiniebla
trenza los latidos insomnes
que acarician los restos de un adiós

Las calles soplan a ciegas
rozando las sombras
desiertos encendidos
vaciando su fiebre

La plenitud toca su desnudez
derrama formas hambrientas
pedazos de claridades que devoran
un amanecer empieza
desesperadamente
sepultándola

Cada noche

me acuesto en la boca
extraña del silencio
también la luna
sangra su soledad

Sopla el sabor de la lluvia
mi desamparo
el verso que gira en su ojo

El miedo se levanta de su tumba
y salva el espanto de cada noche
esos desfiles feroces del aire
en el milagro de las sombras

Palabras ocultas

en la infancia de mis ojos
Manos que nunca llegan
a curar la agonía
Palabras incurables
seducen la sed que arrojo
manos profundas
despojadas
golpean con avidez
la mentira

La sal del espejo
larga y cruel
abre mi cuerpo en ruinas
que se desploma
al tacto de tu voz
hierven mis manos
la sustancia frenética del fruto
las imágenes ocultas

Aquí en la densidad de mi muerte
balbuciendo ese nombre

Intervalos

La espera despidiéndose
sin rostro
los inmensos dolores
incinerando este invierno

A lo lejos el círculo de la noche
despoblado
y nuestros cuerpos
errantes latitudes
llegando con cautela a las sílabas
que resbalan en la llovizna de abril

Solo en la noche el silencio
hueso cristalizado que penetra
como un silbido armado
de dolor y de muerte

Nombrándote

tiendo latidos
en la estela de tu rostro
y disperso un puñado
de caricias
tus labios
desangran y gimen
en la encrucijada

Más allá de los rostros
y esas lejanías
frente a la orilla deshabitada
de los faros
un soplo
oprime el símbolo empañado
De tus pechos el péndulo
turba esta rabia trisada
y se funde como un cristal
desangrando
el esplendor del día

Horas atadas

a un reloj moribundo
lleno de insomnios
callado refleja la ira de algún dios
en el incierto azar de la soledad
cierta monotonía abre sus alas
escalando instantes
y esperanzas
en la incertidumbre
transparente de la vida

Suma desde el principio
la tibieza del tiempo
que se levanta a ciegas
sobre el reflejo de tantos espejos
que nacen en el mar

Sol de medianoche

tu caída agonizante
llenando mis sentidos
acumulas la sangre
La voz de las calles
corre desesperada
en mi lengua

Se levanta el silencio
breves pasos olfatean mis letras
desmienten la soledad
que parpadea en mis ojos
se desprende el crepúsculo
entre la frontera del mar
y la luna en su delirio

Bajo los latidos de la noche

nos bañamos en su fruto
somos ríos
siluetas dibujando
una danza

Raíz tapiada en el pánico
nos corona el barro
y otras voces
otros cauces doblan
nuestros cuerpos

Íntimo reposo
que iluminas el silencio
oscuros espejos
incendian un pedazo
de la lluvia
cegando ese racimo de nubes
que sangran los ecos

Exhumados

Respiramos el llanto
de un nacimiento húmedo
y sangrante
en los mares despoblados
de una nación sin estrofas

Atados a nuestros propios miedos
en el eslabón de los siglos
somos río en manos poderosas
que aniquilan el crecimiento
de una ciega región
que muere y renace
en su asfixiada tumba

Hoy tienen mis ojos

un clavo en su jardín
alrededor de la hierba
un epitafio
Debajo de mis ojos
estrofas desnudas
y una mañana sin dolor

Detrás de una flor se pierde la noche
y el corazón
en el frío que arrastra
su tristeza

En la calle
demasiados pasos
reman al cruzar

Suspendida

las huellas de tu nombre
en las voces de la lluvia
fragancia desnuda
que llega a mi incendio

Se moja mi voz salida de un espejo
moribundo silencio
nombrándote

Serpiente antigua
que se desploma en mis huesos
cae la noche en forma de nostalgia
tus manos resbalan
sobre el delirio
respiran los ruidos del silencio

Huyen las voces heridas
el mar
en la orilla de tu boca
lento fuego angustioso
mi sed cansada de beberte
las ausencias
un rostro
en este pulso de pasiones

Sólo tú salvas el llanto
Noches y noches te he buscado
sin encontrar el sitio en donde lloras
porque yo sé que estás llorando.
Me basta con mirarme en un espejo
para saber que estás llorando y me has llorado.
Sólo tú salvas el
llanto
—Huidobro

Me miro en las cenizas

de ese espejo
oscuro túnel
de imágenes inventadas
el ruido del dolor se posa en mi voz
huyo de las páginas blancas
de mi silueta líquida
me refugio
en la gratuidad de tu sexo
cuelgo la nostalgia
al amparo de tu sangre
en esa corriente donde hurgo
infeliz
estoy en el fuego
en lo masivo y perverso afilando
mi rabia

Llamarada

tu boca
arrojada antorcha
bajo este cielo

En tus lágrimas el tiempo se hunde
tus ojos llenos de primavera
respiran el rocío de todos los mares
crecidos en la noche

Oleajes profundos de luz
llegan de tu boca
pájaros danzan en mis ojos
Sobre las heridas del otoño
tu lengua visita los temores
amordazando el inclemente
desvarío de la vida

Me busca el ruido

de la noche
escondida entre tus luces
danza
el polvo en el temblor
tenebroso de las sombras
Palidecen las gotas
desvanecidas de la lluvia
y en la cúspide el viento se quiebra
una encrucijada
entre llanto y cenizas
germina un cuerpo contra el cristal

Devastado

en el filo de la luz
fluye mi carne marchita
hasta alcanzar
ese lecho de nervios
ese fragmento callado
rompiendo las cenizas
En mi sangre corren
las mareas del tiempo
sosteniéndose
en mi sombra
la inmensidad crujiente de dolores

RIP City

Los versos se estancan como mariposas heridas
la lluvia cuelga rayando el mar
esa estrella sitiada en la nostalgia
y las gaviotas
sobre el paisaje de tus puentes
sobrevolando el miedo de la tarde

Mientras un tren escapa
anunciando lo efímero
un silbido rompe entre los faros
y las luces sonámbulas

Llega la noche

se abren a ciegas tus ojos
entre penumbras que me olvidan
crepitan las frases
al encuentro de tus manos
abandonado en tu rostro
me doblega la lluvia
y bebo la caricia silenciosa de tu vientre

Mientras tu cuerpo
se desvanece en la tinta
la noche avanza
con ojos de alazán

Retrato

Hay nostalgias marcando mis manos
múltiples siglos
de ausencia y escombros
Cientos de insomnios de pie
duermen en el resplandor de mi espalda

Sacuden mi rostro otros rostros
parecidos al dolor de la muerte
En mi corazón el eco de esa voz
ojos teñidos de nostalgia
y otras huellas
En la risa de tu risa
soles de humo
polvo y olvido se entrelazan
al temblor

Incierto es el olvido y sordo
retarda la espera
desiertos en llamas
ardiendo en mis raíces

La nostalgia consume el canto
este verso inconcluso
encadenando al mar
a los ríos de mis ojos
a esas huellas que caen
de las palabras

Bebo la caída

de tu sed
lo danzante del otoño
En su lecho el corazón
deshoja la llama
que encienden tus venas

Tu amor anida mis latidos
trae lo bendito de la música
ecos   rostros
colmando primaveras
arrojo la tarde
invoco un tiempo de lluvia
en el perfume de la noche
ese silencio de pájaros
dividiendo mi sombra

El murmullo de la lluvia

y tu memoria
esparcida en los secretos
del invierno
dolores erosivos
bebe con avidez
la angustia de sus años

Llega una marea invisible
sed que golpea
los rincones de mis ojos
Las delirantes imágenes
de tu cuerpo se niegan
a morir

Llueven pedazos del adiós

en mi huerto cientos de ruidos
acompañan los recuerdos
Un farol en la esquina del destino
clama por tus labios

El mar retorna los restos
inmóviles del amor
Inunda la sangre mi latir
sumergido en el fruto
que deslumbra tu última caricia

Nostalgias colgadas en la ciudad
llueven pedazos de mundo
y es breve la lluvia sobre tus huellas
En el silencio de mis manos
como una herida tu desnudez
y en mis ojos giran cantando
las hojas del otoño

Sobre la lámpara
arden las voces del adiós

Luna en su aposento

trepa recelosa
los bordes de la montaña
a mitad de la noche
Sublime imagen de mujer
incendiando
ese nudo de estrellas

Luna en su ritmo y retoño
en su euforia infinita
oleaje
que roza nuestros cuerpos
entre algodones azules

Dame la sed

el rencor torturado
y siembra tu aliento
en la ciega luz de mis ojos

Respira la angustia de mi larga muerte
atrapada en la red de tus venas

Orna estos versos con tu mojada voz
colorea este cansancio
desvaído en mi amanecer

Moja mi locura con la tibia
pureza de tu instinto
funde tu hoguera
a este latido que se abre

En la fragilidad de la locura

el amor vencido en la multitud
Escóndeme en el muro de palabras
hazme un círculo de escombros
y ámame
hasta que el verso
reniegue la soledad
y mi sombra
sea un festín de carne para tu sed

Rostro

Este silencio desgastado
escondido en la nostalgia
frío que se arrastra
se asoma y conspira
entre las grietas de la noche

Rostro que se confunde
con la sombra
Rostro de sombra
que se pierde en mis ojos

Adversidad

Ruido de la noche que nace
en las dudas
sombras invisibles del viento
en el murmullo de los pinos
los ojos de la luna
Y en mis manos
inmóvil seducido el tiempo
Los siglos del frío entre las hojas
La voz del mar torturando
la incertidumbre
Vuelos de gaviotas que persisten
en los otoños

La vida naciendo en eterno silencio

No soy quien escribe

soy el despojo
de un cadáver pensativo
que sucumbe contra las piedras
enlazado a la huella infeliz
de la tormenta

Soy la palabra en su laberinto
que lucha
contra el lenguaje soberbio
de los hombres
que busca un pedazo de agua en la semilla
ola que pierde su canto
en lo inagotable del silencio

Soy el minuto en llamas
oculto
entre el ardor y la muerte

Gotas de ti

La lluvia me envuelve
su manto húmedo
sumerge mi carne

Sus gotas cuelgan
como ramas del cielo

Abrázame

me dijo frágil
Bésame gritaban sus ojos

Deja abierta esa puerta
la luz quema
el recuerdo de tu cuerpo

Acércame desnuda
a esos brazos de la muerte
que está en tu boca

Hojas de otoño

en el hervor de la lluvia
embestían los estruendos
de la hoguera suprema

Enigmas en el espesor
de las montañas
deambulaban los rincones del delirio

Eternas en el fulgor del mundo
fundían la sustancia
tímida y atónita de todos los siglos

Hojas en fúnebre invierno
en arduo frenesí
claridad titubeante
de los últimos vértigos
frágiles
vociferaban incandescentes
en el oleaje

Imágenes de tu cuerpo
ascendían cercando mis latidos
palabras lloraban en ti las formas
del otoño

Caídas en tus manos
naufragaban las miradas
fundidas en su mortal misterio

En lo oscuro

entre los frondosos riscos
y la transparencia de los valles
me devoran las raíces de lo estéril

Entre impávidos faros
mi voz doliente como una lágrima
incontenible se adelgaza

En lo oscuro de la montaña
la sombra de una mujer
palidece la niebla
y la quietud de la muerte

Entre la niebla

y su danza erótica
surge la noche
Caen mis manos en el crisol
de ese invierno
argumentando entre la bruma
y la lluvia
un destello de ti

North East

Noche de invierno
todo queda en la tiniebla

La ciudad
colgada en el escombro
silencioso de sus sombras

Soledad

hoy germinas
en la pureza de la lluvia
fiel amante
dulce ruido
que arrecia mi dicha

Sustenta la fe

la levadura suprema
que decoran la miseria voraz del otoño
Duerme en la llaga de mi insomnio
en la sed que esconde
lo ausente del pánico
Levanta el naufragio mecido en el júbilo
Únete al gemido de las sílabas
al estruendo y los ardores
del jardín que iluminas
y florece mía
en tu arrabal de aromas

En el oscurecer

llegas como pez dormido
sutil viajera
navegando en mi cuerpo

La noche es una huella
una sombra de ojos cerrados
en la cima esplendorosa
del Mount Hood
es una invitación dormida
dispersa en los reflejos del tiempo
latido que fluye
en la conciencia de mi grito

Cuerpo

entre las sombras
dolor anónimo
estela ensangrentada
crucificada en los brazos
de una patria moribunda

Luna en los pliegues del recuerdo
un remanso
derramado en la arenas
un mar

Hasta que la noche

hilvane un corazón
y la sangre sea un navío
donde estallen los cauces
y el miedo
suene en las campanas
y mi patria caiga
como un pájaro sordo
en el clamor de la tempestad

No quiero labios cansados

ni boca pensativa
ni vestido en el suelo
plagado de anocheceres furtivos

No quiero dolor
suspendido en las hojas invernales
y amueblando tu piel
solo quiero
beberme el otoño
naciendo en tus ojos

Ardes

tu cuerpo atado a mi memoria
las palabras en lo vidrioso de la vela
ahogándose en la sed

Cuántos besos en lo audaz
de tus llamas
temblor
condenando estos ojos

Bajo la lluvia

viendo pasar cientos
de almas desnudas
hundidas en lo plomizo
del sol

Siniestras formas de la muerte
deambulan en su llanto

Doblegada en el silencio

sangra la quietud
hilos de nervios
crecen tus lamentos
ágiles bosques
desprenden la sombra
de tus ojos
y atraviesan fúnebres tormentas

Luna resignada
un cielo
en el sendero de tus manos
nacen las últimas estrofas
luces que derraman lo agonizante
de la letra

Luna sin nombre
en la borrasca de la tarde
eterna lluvia dividiendo mi camino

Contemplación

Hoy las hojas de otoño
caen sin ti

Las calles se visten
de luto y soledad

La lluvia germinando
en mi ventana

Frías gotas
mojan tu recuerdo
en la memoria de este invierno

En los colores de la noche

mentiras meciéndose
en las ramas de la verdad
Hay un desorden
que hace ver el abandono
Cada gesto del llanto
anida un feto
en el corazón de la muerte

Nuestros fantasmas lloran
la desgracia de todos los días
irreparable es nuestra soledad
miradas regresan ausentes
Signos que caen alrededor
de la lluvia
amargos diluvios
abriendo puertas
a esta muerte tan larga

Voces sonámbulas

en el viento
incandescentes voces
trazan latidos en la escritura
armada de olores y sombras

Cielos intactos
en el día que se torna mísero
horas marchitas
incesantes horas
colgadas en la cicatriz de una pared

El tiempo tendido en su monotonía
en los ecos de un adiós
un soplo
en la exhumación del ser
sacude sombras
entre las hojas oscilantes tu pelo
esconde una región de tu boca

Latidos del sol en ruinas
donde lo invisible tienta
unos besos de luz

Hoguera de nube
te miro en la respiración de mi piel
en las huellas ilesas de la ciudad
torbellinos de versos acosan
los párpados de la muerte

Noche

que huía con su canto
viudo y bohemio
Era la noche
la noche en su ocaso roto
envejeciendo el silencio

Era la noche
la noche adormecida
en peñascos indecisos
condenada al arte de morir

Era la noche
la noche húmeda
que nunca llega a mi sombra

Llueve

y hay un sol transparente
nubes llenas de miedos
gotas sepultadas en el clamor de la tierra
resucitan al revuelo de tus besos

Llueve sobre el Mount Hood
la pesadumbre es como el mar
El sol fija sus ojos dentro de las fauces del hombre
una bandada de pájaros arden en la lluvia
Cenizas de un rostro ajeno
en la estación del amor

Manchas de lluvia ciñen los recuerdos
llueve y los funerales de la noche
se hacen fatigosos
naufraga tu sonrisa
llevando una pregunta
dolores desarmados en el péndulo

Gotas sonámbulas caen

Llueve y zozobra la noche en el espejo

Han huido los ángeles

cuidaban el llanto hambriento
de mis manos
esclavas del deseo

Golpea la canción
bajo el fémur roto
de la noche
torturando mi sombra
la rabia del mar

El fruto de mi rostro
gira el espesor de la pared
engendra un canto
fragmentos
que levantan los muros del amor

Imágenes caen
velas de luto en medio del llanto
estalla la palabra
esculpe unos labios
que perforan el silencio

Un reloj agita la cara del tiempo
carcome las manos
en las vocales del naufragio

En la sombra de las palabras
desnudo los versos
una luna que crece
dentro y fuera de mi soledad

Diálogos

Tantas muertes traen en su garganta
corrientes que se abren dentro de la noche

La raíz de las sombras
despiertan signos
un canto ciego de alas virginales
nubes huecas sobre el mar
un vuelo sacrificando la llovizna

Vivimos entre tantas muertes
donde las puertas
abren al sepulcro y su hondura
donde la sombra es escarcha en flor
y la muerte
trae un nuevo nacimiento de alaridos

El ruido de un tren

    que corre incansable
    entre las sombras de la ciudad
    frágil ausencia
    la luz apresurada
    húmeda en el silbido del tren
    detiene la noche
    vacía de tormentas

    Siluetas de humo
    viajan a espaldas del tren
    y vociferan un puñado de secretos

    Un tren que despierta la sed
    y otra madrugada en su inclemencia

Huellas

Soledad asomada en los reflejos
de manos mudas
infinitas que cantan tendida
en el lenguaje de la lluvia
alas
oscura respiración
voraz y húmeda
arrastras los espejos que se deslizan
sobre el miedo y el silencio
amarrando latidos a mi hambre

Insomnio

Llenó de dudas las palabras
me envolvió sobre las horas sollozantes
de los muertos

Me arrastró
donde no existía ninguna resurrección
Atravesó los recodos de mis ojos
con sus formas infinitas
Cientos de puertas sedientas
en mi cuerpo
abrían a las sombras

Ese mirar

amante detenido en tu nombre
un mar
desierto diluido en sus espinas

Sombras que erigen relámpagos
en el crisol de tu cuello
tiñen las huellas escarlatas de la noche

Mi pensamiento lo duermes
todo se precipita en ti
la danza de las hojas
el incendio que late entre las ruinas
en el círculo ciego de mi alma

Noche que llegas

nunca te vas
escondida entre brumas
quebrantas el filo
que envuelve mis letras
Noche sin acordes
pronuncias calladas melodías
que me atan

Perfumada de cenizas
y horas insomnes
mujer que vibras en mi otoño
en el umbral de tu cuerpo
despojo las palabras
y la sed

Me ciñe tu soberbia
noche que vuelves a ser
la misma sombra de mis noches

Despacio

entre las ramas de los pinos
y la terquedad de las horas
buscas entre los escombros
de una verdad
vestigios con alas
de una mentira ciega

Sangrando

en su ciega telaraña
brusca sombra de esmalte
perdida en los tonos de la luna
herida en su manto de ruinas
sujeta un creciente eco
formas temblorosas
ofreciendo signos
al esplendor del día

En la desnudez del día

atrapada
en el invierno dormido de los pinos
en la violencia de los pájaros
que abrigan cielos en espirales
la agonía de la tierra
clara lluvia de febrero
consume mi cabeza
silbando en tu abandono
si pudieras hablar

Relámpagos estallan sobre los faros
ráfagas llegan sin prisa
al frío silencioso de mis manos

Encendida tristeza

el polvo me consume
tu ruido entre castaños celosos
coronado de negras lunas
Ese ruido en el lenguaje del aire
siembra una luz de verbos
Trenzada en mis venas
presurosa en la esperanza
y la mansedumbre del día
colgada al vértigo del otoño

La palabra

sembrada de dolor
velo que intenta arrojar
el polvo que arde en toda su espesura
Sangra en las sombras
mar que azota en los faros

La tormenta en mis ojos
esconde su enfermedad
y el invierno

Nadie sabe que existo
perdido en lo indomable del fuego
sediento estoy

Oscuridad

Espejo sin pudor es tu rostro
en el pájaros cansados
persiguen su tumba

Llevo antorchas en mi cabeza
la muerte entre mis hombros
y un mástil de nombres en el corazón

Antes que la tarde

deje su huella azul
en los cristales
caerán nuestros cuerpos
vencidos
en el rigor de la letra

www.ingramcontent.com/pod-product-compliance
Lightning Source LLC
LaVergne TN
LVHW011331080426
835513LV00006B/278